웨이크 업 브레인!
미로를 탈출하라!

웨이크 업 브레인! 미로를 탈출하라!

초판 1쇄 인쇄 ㅣ 2017년 12월 1일
초판 3쇄 발행 ㅣ 2019년 2월 15일

지은이 ㅣ 자연미디어북
펴낸이 ㅣ 이연자
디자인 ㅣ 부성
펴낸곳 ㅣ 자연미디어북
등 록 ㅣ 제2017-000129호
주 소 ㅣ 서울시 중구 필동로 8길 61-16
전 화 ㅣ 02-2274-5445/6
팩 스 ㅣ 02-2268-3773

ISBN 979-11-96243-31-9 70650

- 이 도서의 국립중앙도서관 출판예정도서목록(CIP)은 서지정보유통지원시스템 홈페이지 (http://seoji.nl.go.kr)와 국가자료공동목록시스템(http://www.nl.go.kr/kolisnet)에서 이용하실 수 있습니다. (CIP제어번호 : CIP2017031412)

※ 이 책의 저작권은 <자연미디어북>에 있습니다. 저작권법에 의해 보호를 받는 저작물이므로 무단 전재와 복제를 금합니다.
※ 이 책은 www.shutterstock.com의 라이선스에 따라 적용 가능한 이미지를 사용하였습니다.
※ 잘못된 책은 <자연미디어북>에서 바꾸어 드립니다.

5	**미로 찾기** MAZE
57	**다른 그림 찾기** FIND DIFFERENCES
99	**점잇기** DOT TO DOT
117	**해답** ANSWER

MAZE

미로 찾기

MAZE

미로 찾기 Maze

Maze

미로 찾기

미로 찾기

MAZE

미로 찾기

MAZE

미로 찾기

미로 찾기

미로 찾기

미로 찾기

MAZE

미로 찾기

MAZE

미로 찾기

MAZE

미로 찾기

MAZE

미로 찾기

MAZE

미로 찾기

MAZE

미로 찾기

MAZE

미로 찾기

MAZE

미로 찾기

MAZE

MAZE

미로 찾기

MAZE

미로 찾기

MAZE

미로 찾기

MAZE

미로 찾기

미로 찾기

MAZE

미로 찾기

다른 그림 10개 찾기

FIND 10 DIFFERENCES

다른 그림 10개 찾기

FIND 10 DIFFERENCES

다른 그림 10개 찾기

FIND 10 DIFFERENCES

다른 그림 10개 찾기

FIND 10 DIFFERENCES

다른 그림 10개 찾기

FIND 8 DIFFERENCES

다른 그림 10개 찾기

FIND 10 DIFFERENCES

다른 그림 10개 찾기

FIND 10 DIFFERENCES

다른 그림 10개 찾기

FIND 10 DIFFERENCES

다른 그림 10개 찾기

FIND 10 DIFFERENCES

다른 그림 10개 찾기

FIND 10 DIFFERENCES

다른 그림 10개 찾기

FIND 10 DIFFERENCES

다른 그림 10개 찾기

FIND 10 DIFFERENCES

다른 그림 10개 찾기

FIND 10 DIFFERENCES

다른 그림 10개 찾기

FIND 10 DIFFERENCES

다른 그림 10개 찾기

FIND 10 DIFFERENCES

다른 그림 10개 찾기

FIND 10 DIFFERENCES

다른 그림 10개 찾기

FIND 10 DIFFERENCES

다른 그림 10개 찾기

FIND 10 DIFFERENCES

다른 그림 10개 찾기

FIND 10 DIFFERENCES

다른 그림 10개 찾기

FIND 10 DIFFERENCES

다른 그림 10개 찾기

점잇기

DOT TO DOT

점잇기

DOT TO DOT

점잇기

DOT TO DOT

점잇기

DOT TO DOT

DOT TO DOT

점잇기

DOT TO DOT

점잇기

DOT TO DOT

DOT TO DOT

점잇기

창의력·집중력·두뇌개발
웨이크 업 브레인!

해답
ANSWER

해답

p. 6

p. 7

p. 8

p. 9
p. 10 (정답 C) / p. 11 (정답 C)

p. 12

p. 13

p. 14

p. 15

웨이크 업 브레인!

p. 16

p. 17

p. 18 / p. 19 (정답 C)

p. 20

p. 21

p. 22

p. 23

p. 24 / p. 25 (정답 B)

p. 26 / p. 27 (정답 B)

해답 119

해답

웨이크 업 브레인!

p. 36
p. 37 (정답 1B, 2A, 3E, 4D, 5C)

p. 38 / p. 39 (정답 C)

p. 40 / p. 41 (정답 C)

p. 42

p. 43

p. 44

p. 45

p. 46

p. 47

해답

p. 48
p. 49 (정답 1C, 2A, 3C, 4B, 5D)

p. 50

p. 51

p. 52

p. 53

p. 54

p. 55 / p. 56 (정답 A)

웨이크 업 브레인!

p. 58

p. 59

p. 60

p. 61

p. 62

p. 63

p. 64

p. 65

p. 66

p. 67

p. 68

p. 69

해답

웨이크 업 브레인!

p. 82 p. 83 p. 84
p. 85 p. 86 p. 87
p. 88 p. 89 p. 90
p. 91 p. 92 p. 93

해답

p. 94

p. 95

p. 96

p. 97

p. 98

p. 100

p. 101

웨이크 업 브레인!

p. 102
p. 103
p. 104
p. 105

p. 106
p. 107
p. 108
p. 109

p. 110
p. 111
p. 112
p. 113

p. 114
p. 115
p. 116